APPEL

A LA

JEUNESSE.

APPEL

A

LA JEUNESSE,

Par M. l'Abbé L.***

Vis consilî expers mole ruit suâ ;
Vim temperatam dî quoque provehunt
In majus.   Hor.

AGEN,

IMPRIMERIE DE PROSPER NOUBEL.

M DCCC XXVII.

APPEL

à la Jeunesse.

Espoir de la génération future, c'est pour
vous que nous écrivons ; c'est votre raison
naissante que nous voulons préserver de la
contagion générale ! Jusques à quand prêterez-
vous une oreille attentive aux vaines déclama-
tions de ces hommes dont les discours pleins
d'artifice sèment le trouble, et travaillent une
seconde révolution ? Jusques à quand les pères
sommeilleront-ils au milieu des dangers qui
environnent de toute part les berceaux de ceux
qui doivent leur succéder ? Souffriront-ils plus
long-temps que des hommes flétrissent les pre-

mières fleurs de la raison de leurs enfans , sous prétexte de leur apprendre le droit de l'homme et les devoirs du citoyen ? Ne voyez-vous pas qu'en prêchant au nom de la liberté, ils vous préparent des chaînes ? Laissez-les affermir une fois leur odieuse entreprise , et bientôt vous verrez tomber le masque ; bientôt vous entendrez le bruit des chaînes retentir à vos oreilles; et c'est au nom de la liberté qu'ils vous raviront et vos droits et votre indépendance.

Non , les Prêtres ne sont pas ce qu'on veut vous les peindre. Le clergé de France n'est pas mu par le fanatisme; fier des libertés qui font sa gloire , il est loin de vouloir les flétrir , et de les faire disparaître du sol français; les fautes de quelques membres ne sauraient lui être imputées; il les a pleurées , et les pleure encore. Sans doute, l'on vous dira , et l'on vous dit 'tous les jours : « Le fanatisme, l'ambition du clergé » a mis plusieurs fois l'Etat à deux doigts de sa » perte ; un esprit d'envahissement le travaille ; » il veut tout soumettre aux idées religieuses, » pour gouverner à son gré et le Roi et le peu- » ple. C'est l'intolérance des Prêres qui a cou-

» vert le sol français de meurtres et de crimes ;
» c'est cette hydre toujours renaissante qui a
» préparé , conduit le massacre de la Saint-Bar-
» thélemy. C'est l'ambition , l'avarice, les odieu-
» ses prétentions du clergé qui ont plongé la
» France dans ces jours de deuil qui sont sur le
» point de se renouveler encore. Voyez-les, déjà
» ils sont sur les marches du trône. Déjà on les
» trouve, on les rencontre aux premières pla-
» ces de la société. Ils minent sourdement nos
» institutions les mieux établies. Ils ourdissent
» dans l'ombre leurs noirs complots, contre
» nos droits et la liberté de penser ; le souvenir
» de ce qu'ils étaient autrefois et de ce qu'ils
» sont maintenant , excite leur haine, abat
» leur orgueil , et enflamme leur jalousie contre
» toutes les classes de la société. La Charte , où
» nos libertés sont défendues , leur est odieuse,
» uniquement parce qu'elle contrarie et gêne
» leur ambition. » Ce n'est pas tout ; vous en
rencontrerez qui ne rougiront pas de vous dire
que les Prêtres ont partout imaginé la religion
et le culte.

Quoi ! Les Prêtres ont imaginé la religion !

Mais avant eux , il a fallu nécessairement avoir des Dieux ; il a fallu convenir de la nécessité d'un culte ; il faut donc que ces hommes superbes que ne peut convaincre le poids du témoignage de tout l'univers , il faut qu'ils avouent que l'idée d'une religion n'est pas de l'invention des Prêtres , mais qu'au contraire les Prêtres ne sont, que parce que les Peuples ont cru d'abord à une divinité , et ont senti la nécessité d'une religion ; et, certainement , cette croyance, cette volonté générale, ce besoin , ne pouvaient venir des Prêtres , puisqu'ils n'existaient pas encore. Voilà donc à quoi se réduit cette vaine déclamation de ces prétendus esprits forts: à nous dire que les effets ont existé avant la cause. Grand Dieu! Voilà l'excès de délire où se livrent ceux que vous abandonnez à leurs propres jugemens. Le genre humain est contre eux , et ce n'est pas ce qui les embarrasse; mais s'il est glorieux de combattre seul contre tous , il est honteux d'être absurde , opposé à soi-même.

Je sais que je n'aurais pas dû m'arrêter à montrer tout le ridicule d'une déclamation aussi puérile ; je devrais me hâter de prouver à la jeunesse que le clergé de France n'est ni fanatique ni ambitieux, et qu'il n'a jamais été l'ennemi de ses libertés. Mais on me passera, sans doute, d'exprimer avant tout ma pensée. Personne n'ignore que le christianisme seul fait l'homme libre ; que lui seul lui a appris à se connaître, à secouer la poussière qui l'avilissait. Méconnaître cet insigne bienfait, ce serait afficher son ingratitude, sa légéreté, son peu de goût. Il y a dix-huit siècles que le christianisme fait entendre le nom de liberté ; il y a dix-huit siècles qu'il l'a consacrée dans ses annales et dans ses triomphes. A sa voix, le despotisme a tremblé, les tyrans ont disparu, les peuples ont reconquis leurs antiques droits ; enfin il y a dix-huit siècles que le christianisme a pour jamais aboli l'esclavage, et rendu à l'homme sa première dignité. Les faits sont publics, et n'ont besoin d'aucune preuve. Que signifient donc ces vaines clameurs ! Ne dirait-on pas à entendre ces hommes d'hier, qu'eux seuls ont été à la conquête de la liberté ? Ne dirait-on pas, que rangés autour d'elle, ils la protègent, et en sont les plus fermes soutiens ? Mais qu'ils nous apprennent quelle main téméraire a dépouillé les Français de leurs antiques prérogatives ? Qu'ils nous disent quels sont les audacieux qui n'ont pas craint de leur ravir cette propriété de dix-huit siècles , pour les replonger dans le plus affreux des despotismes ? Qui ? Les Prêtres....

Hélas! Il faudrait bien compter sur l'ignorance de ses lecteurs , pour oser élever sans crainte cet échafaudage de mensonges et d'invectives. Les Prêtres, au contraire, les Prêtres étaient dans ces jours de malheur, jetés dans les cachots les plus obscurs, conduits sur les échafauds, exilés, transportés dans les déserts du nouveau monde, et cela, parce qu'ils défendaient l'autel , le trône et la liberté ; et par qui? Par ces hommes qui ne faisaient pas une phrase contre la raison , sans attester la philosophie ; qui ne proposaient des décrets de proscription , qu'en invoquant l'humanité ; des actes de tyrannie , qu'en célébrant la liberté. Par qui? Par ces hommes qui ont été les indignes panégyristes des tyrans de l'opinion , et qui après avoir jeté dans les égouts leurs cadavres et leur mémoire , ont encensé leur ombre , quand leur ombre régnait encore. Oui , je le demande, qu'est-ce que le monde a produit de plus vil que nos tyrans révolutionnaires? Rien. Tels sont cependant les hommes que l'on appelait les régénérateurs de nos libertés, les protecteurs de nos institutions, les amis du peuple, alors qu'ils l'envoyaient à la mort comme un vil troupeau. Tels sont les hommes que l'on appelait, à la honte de l'humanité, les sages, les vrais philosophes; et par un délire inconcevable, le peuple français croyait être libre, lorsqu'on lui montrait ses fers, et que les derniers défenseurs de ses droits expiraient sans vengeurs sur les échafauds. Oui, on les a vu ces dignes athlètes du despotisme, dignement entourés d'une chaîne de rubans tricolores, escorter, jusques à leur panthéon, les cadavres impurs des plus impurs des mortels; on les a vu porter sur un char triomphal, au milieu des chansons religieusement civiques, l'infame Raison, pour la placer sur l'autel de la liberté qu'ils proscrivaient, et pour l'exposer à l'adoration des citoyens qu'ils faisaient égorger par milliers. Qui le croirait? Ces flots de sang n'étaient comptés pour rien. Et comment auraient-ils été comptés,

pour quelque chose, c'était le sang des Prêtres,
des Nobles et des Défenseurs du trône et de
l'autel...

Hélas! Faut-il rappeler à la mémoire ce siècle de quelques jours, où la liberté chassée du
sol français, fut chercher un asile chez les peuples voisins ; jusque sous le ciel de l'Amérique ,
on l'a vue errante et recueillant les nobles restes
de ses généreux défenseurs ; c'est alors qu'on
pouvait dire avec vérité , ce que les vrais Ro-
mains disaient de Rome : que la France était
là , où étaient la liberté et ses soutiens. Et , quels
étaient ses soutiens ? Le Roi , les Prêtres pros-
crits et cette antique noblesse de France , toute
glorieuse des honorables cicatrices qu'elle por-
tait sur son front , comme un témoignage de
son dévouement à la liberté. Ainsi, vouloir mettre ensemble le clergé de France et les ennemis déclarés de l'opinion individuelle , de la liberté de l'homme , c'est mettre ensemble les
défenseurs et les tyrans , la victime et l'assassin ,
l'homme et le monstre. Quand donc a-t-on
voulu décrier les uns pour exalter les autres ?
Quand ? Dans ce siècle de lumières. Où a-t-on

voulu accuser les vrais soutiens de nos droits,
les calomnier auprès d'une jeunesse facile à se
laisser tromper ? Où ? Dans ces discours enve-
nimés que l'on fait entendre là où l'on devrait
défendre les intérêts des peuples et éclairer la
jeunesse abusée. Dans ces discours qui sapent
sourdement l'autel et le trône, et où l'éloquence
se joue de tout, et travestit la vérité pour l'exposer aux insultes, à la risée du peuple. Honte
éternelle à ces hommes, à ces écrivains sans pu-
deur, qui font tous leurs efforts pour faire marcher la jeunesse dans ces routes difficiles, d'où
nous sommes si heureusement sortis ! Et, gloire
à ces vrais protecteurs du peuple, qui bravent
tous les jours les périls attachés au ministère de
l'orateur, élèvent courageusement leur voix,
confondent le mensonge et défendent la liberté
que l'on veut nous ravir.

La marche souterraine qu'ont suivie en
France les premiers tyrans de l'opinion et les
destructeurs de tout ordre, n'est-ce pas celle que
suivent aujourd'hui ces hommes qui ne cessent
de déclamer contre les Prêtres, et qui ne font
que rajeunir ce qu'on a mille fois si ridiculement

débité avant eux? La même cause doit nécessairement produire les mêmes effets. Les premiers ont commencé par déclamer contre la
religion , tactique ordinaire des esprits inquiets
et turbulens. Ils allaient soigneusement à la re-
cherche de tout ce qui pouvait exposer les Prêtres au mépris et au ridicule ; les moindres faits
étaient saisis avec avidité , travestis , publiés
d'un bout de France à l'autre. L'oreille dés
peuples s'habitua insensiblement à ces honteux sarcasmes ; la corruption gagna tous les
cœurs; les insensés entraînèrent les sages, et les
rendirent semblables à eux ; une sagesse vaine ,
intempérante , emporta au loin les esprits.
Bientôt un cri général de haine et de proscription retentit de bouche en bouche , et les massacres ont suivi de près. Je le demande , leurs
dignes successeurs ne suivent-ils pas la même
marche , et font-ils autre chose? On les voit
ramasser , jusque dans les ornières , les faits ,
les contes les plus ridicules; le peuple les répète,
ils passent de bouche en bouche , les fautes d'un
individu retombent sur tout le corps. Dans les places publiques, les Prêtres sont montrés au doigt;

la calomnie la plus affreuse est à l'ordre du jour, persuadés qu'ils sont qu'il en restera toujours quelque chose. Le mépris a passé de nos cités jusque dans nos hameaux. Le simple habitant des campagnes n'a plus cette vénération de ses pères pour l'humble prêtre qui lui apprend à aimer son Dieu, son Roi et sa patrie.

Sans doute, on parle avec respect de la religion ; mais on avilit les prêtres ; mais on les rend suspects aux yeux de la France entière. Mais on les appelle des hommes dangereux, des hommes dont il faut se méfier. On les dénonce à l'autorité comme prêchant contre l'ordre, et détruisant ce respect antique des Français pour leur roi et leur constitution ; et cela, parce qu'on sait bien que les prêtres une fois perdus, dans l'opinion publique, c'en est fait de la religion, c'en est fait du trône, puisque la religion ne saurait exister sans prêtres, et le trône sans religion. Plût à Dieu que nos craintes ne fussent que des craintes chimériques? .. Mais qu'arrivera-t-il si les prétendus défenseurs de nos droits et de nos libertés consolident leur ouvrage? La France deviendra-t-elle plus florissante ? Le

trône sera-t-il mieux affermi sur ses bases ; ce
malaise qui travaille tous les esprits, sera-t-il
extirpé pour toujours ? L'esprit des factions sera-
t-il étouffé ? Et la licence s'enfuira-t-elle loin
de nous ? Hélas ? le passé nous avertit du contraire ! L'expérience.. que dis-je.... L'expérience
des temps passés n'est rien. Les maux qui ne
sont plus ne paraissent qu'un songe ; il faut
des maux présens pour tirer les hommes de
leur profonde léthargie, et leur faire ouvrir les
yeux sur les maux qui les environnent de toutes
parts. Et ce n'est que lorsqu'on entend le bruit
des chaînes, que l'on commence à craindre
l'esclavage. Ce n'est que lorsqu'il n'y a plus
aucun moyen de défense que l'on songe à sa
sûreté. Avant nos jours de désastres, des hommes
amis de l'humanité et des libertés si chères
à tous les Français, faisaient entendre leurs
cris ; ils élevaient leurs voix pour dénoncer
leurs tyrans, et leurs voix étaient étouffées ;
ils montraient de loin l'orage qui s'avançait,
et qui recélait dans son sein l'affreuse tempête
qui devait bientôt tout écraser, et on les appelait
par dérision les prophètes du malheur. On les

a vus pleins de courage, bravant les sarcasmes, ne craignant rien que les maux qui allaient fondre sur la France; on les a vus, dis-je, porter jusques aux pieds du trône leurs craintes et leurs alarmes; et leurs craintes étaient regardées comme vaines, ou comme le fruit d'une imagination en délire C'est alors que sous prétexte de régénérer la France, des hommes travaillaient à en saper les fondemens, et disposaient tout pour le jour de leur triomphe.

Il n'est pas sans doute nécessaire de rappeler ici ces temps de malheurs et d'anarchie, où les partis tantôt vainqueurs et tantôt vaincus, s'envoyaient mutuellement à la mort. Ces tristes débris sont encore présens à nos yeux, et nous attestent quelle a été la marche de nos régénérateurs. Faut-il donc maintenant une étude approfondie de la politique? Faut-il bien connaître la marche des révolutions pour apercevoir les orages qui se forment sur nos têtes? Les moyens qu'on emploie aujourd'hui sont les mêmes; les élémens dont on se servait il y a trente ans pour tout bouleverser, on s'en sert de nos jours; on commença par vomir des torrens

d'injures contre le fanatisme , l'intolérance ,
l'ambition des prêtres. Voilà précisément ce
qu'on fait aujourd'hui. Le clergé de France
fanatique! Le clergé de France opposé à nos
libertés gallicanes! Les prêtres ennemis de la
Charte et du gouvernement actuel!... Grand Dieu!
La calomnie peut-elle être plus noire et plus mal
inventée ? Qu'on nous dise donc ce que c'est
qu'un fanatique , et ce qu'on entend par fanatisme ? « Le fanatisme (puisqu'il faut en venir
» à la définition); le fanatisme est par lui-même
» un sentiment violent , un mouvement aveugle
» de l'ame trompée par l'imagination , et qui
» embrasse son erreur avec d'autant plus de force
» qu'elle ne peut se défendre que par la fureur ;
» en un mot , le fanatisme est proprement la rage
» de l'erreur. » Voilà ses caractères. Faisons
maintenant parler les faits : voyons si les prêtres
de l'église de France méritent cette odieuse
dénomination.

Avant tout, je me plais à croire qu'on ne les
regarde pas comme des prêtres de l'erreur et
du mensonge. Les écrits du jour ne retentissent
plus de ces phrases si bassement puériles.

Voltaire n'est plus le Voltaire de la jeunesse. Ses sarcasmes, ses anecdotes infames sont retombés dans la fange d'où ils les avaient tirés. Rousseau et tous ces écrivains fameux qui ont enrichi notre littérature, sont jugés et appréciés à leur juste valeur. J'admire, comme un autre, la pureté de leur diction, l'élégance et la beauté de leur style. Je me plais à parler de la ressource et de la fécondité de leurs génies : les saillies de leur esprit m'enchantent ; leur éloquence vive, entraînante, persuasive, a pour moi mille charmes, mais ce n'est qu'avec la plus vive douleur, que je démêle au milieu de tant de richesses et de luxe un alliage informe, qui me fait écrier :

Comment en un plomb vil l'or pur s'est-il changé ! R.

Leurs ouvrages sont semblables à ces superbes édifices où l'architecture a déployé ce qu'elle a de plus somptueux ; les dessins les hardis, les proportions les plus exactes attirent les regards, mais les fondemens mal assurés présagent leur ruine prochaine. Tout ce que l'esprit a de brillant, tout ce que l'éloquence a de charmes, tout ce que l'imagination a d'ardent et de feu, se trouve réuni dans leurs écrits ;

c'est une mine inépuisable de richesses , mais dont le fonds semblable à ces montagnes fertiles qui cachent dans leur sein des volcans perfides , ne produit que des matières viles et abjectes ? Oui, je le répète , leurs objections , grâces à nos lumières , ne sont plus les armes du jour. Voilà donc déjà une partie de la définition qui ne saurait leur convenir, à moins qu'on ne veuille renouveler encore ce qui a excité la pitié de tout homme qui pense. Quant au reste, il est aisé de les justifier.

Non , la rage , puisqu'il faut le dire , n'a jamais guidé la plume du clergé de l'église galli-cane? Jamais on ne l'a vu opposer la force à la force, les outrages aux outrages, la ca-lomnie à la calomnie. Jamais on ne l'a vu excitant le peuple à la révolte , fomentant les guerres civiles, divisant les familles , et sépa-rant le fils du père. Tranquille au milieu des plus grands outrages, il n'ouvre pas même la bouche pour se plaindre. On l'exile ; et dans son exil, il adresse au ciel des prières pour ses persécuteurs. On le conduit sur les échafauds; et c'est sur cet autel de son sacrifice qu'il bénit

le peuple qui lui donne la mort. Toujours le
même : jamais le clergé de France ne s'est
démenti. Ses principes sont aujourd'hui ceux qu'il
professait autrefois. Semblables à ces premiers
Apôtres de l'église naissante, les prêtres de
France sont calomniés, et ils bénissent ; on
les outrage, et ils pardonnent; on les dénonce à
l'autorité, et ils exhortent le peuple à l'obéissance;
on prêche la licence, et ils prêchent la paix, le bon
ordre, et ces mœurs qui honorent l'homme
de bien. Le libertinage dérobe tous les jours
des citoyens à l'état; des crimes dont la seule
pensée fait frémir, souillent le sol de la France.
De quelque côté qu'on porte ses regards on
ne voit plus que les ravages déplorables du
délire qui égare, emporte les esprits ; et de tout
côté on voit les prêtres recueillir les tristes
restes qui lui échappent, les conserver par leurs
secours ; point d'âge, point d'état, point de
disgrâce qui n'éprouve les soulagemens de
leur bienfaisance. Qu'elle est nombreuse cette
portion du genre humain qui vit dans la misère?..
Entrez dans la chaumière du pauvre ; qui trouvez-
vous à côté du vieillard sur le point de rendre

2

le dernier soupir? Un prêtre..... Pénétrez dans les cachots les plus obscurs ; qui rencontrez-vous? Un prêtre prodiguant les secours de la religion et de l'humanité au malheureux que la justice des hommes y retient captif........ Portez vos regards sur les échafauds, considérez ce criminel pâle et défiguré; il n'a plus qu'un souffle de vie à la vue du glaive tranchant qui va dans un'instant abattre sa tête ; qui voyez-vous? Le bourreau et le prêtre qui soutient, anime l'infortuné qui va périr, et lui fait courageusement envisager la mort en lui montrant le ciel. Je le demande, est-ce là du fanatisme? Retrouve-t-on là des factieux qui prêchent contre le trône et le gouvernement? A-t-on vu ces hommes qui déclament aujourd'hui si hautement contre les prêtres ? Les a-t-on jamais vu descendre dans les cachots, monter sur le char de mort, s'asseoir à côté du moribond, et recueillir les derniers soupirs de sa bouche expirante ? Les a-t-on vus s'enfoncer dans les campagnes les plus désertes, abandonner les jouissances de la vie pour instruire, civiliser même cette classe de la société qui ne connait que les

instrumens pour cultiver la terre, et qui, ce.
semble, est incapable d'apprendre autre chose?
Non, sans doute, et ce sacrifice n'est réservé
qu'aux prêtres que l'on calomnie tous les jours.

Parmi les dignes prélats de l'église gallicane,
nous en citera-t-on un seul, qui, dans ses
lettres pastorales, dans ses écrits, ait laissé
échapper une seule phrase contre la charte
et le gouvernement actuel? Tous les jours ils
enseignent à rendre à César ce qui est à César;
tous les jours ils donnent le plus grand exemple
de leur soumission aux lois : tous les jours ils
prêchent la paix, la concorde; modestes au
sein de leurs occupations; retirés au milieu du
troupeau que le ciel à confié à leurs soins,
leur unique sollicitude est de le nourrir de la
parole sainte, de l'arracher au torrent des mau-
vaises doctrines, qui entraîne tout dans sa marche rapide. Quel touchant spectacle de voir un
évêque au milieu d'un clergé respectable, prendre
le ton et le langage affectueux d'un père; verser
dans son sein les inquiétudes inséparables de
son ministère, partager avec lui le poids du
fardeau redoutable de l'épiscopat, le rendre le

témoin de sa joie dans le succès de ses travaux, profiter de ses conseils et de son expérience dans les cas difficiles, et céder avec une noble modestie aux avis qu'il en reçoit contre les surprises qu'on aurait pu lui faire? Quel ravissant spectacle de le voir encore environné d'un troupeau qu'il chérit, parcourant les campagnes et les hameaux, donnant à tous des paroles de consolations, leur apportant le bonheur, versant ses trésors dans le sein de l'indigent, l'accueillant avec cette tendresse, cette charité qui fait couler les larmes du cœur, et force l'incrédule à s'écrier : c'est homme est vraiment un envoyé du ciel ; à l'exemple de son maître il passe en faisant le bien. Ah! cet héroïsme de la vertu et de l'humanité ne peut être que l'ouvrage du christianisme ?

Sans doute, on nous citera quelques faits qui ont été le scandale de l'église et de la religion. On commentera malicieusement toutes les actions des prêtres, les journaux s'en empareront, et bientôt la France entière en sera instruite. Mais sur trente mille prêtres, qui exercent aujourd'hui dans la France leurs fonctions sacerdotales, à peine

en remarquerait-on deux ou trois, qui, dans
l'espace de trente ans aient oublié et leur sacré
caractère, et ce qu'ils devaient au peuple et à la
Religion. De tèls faits sont plutôt en faveur du
clergé de l'église gallicane, et ne sauraient le
dégrader. Non, il n'est pas de société humaine
qui se soit toujours conservée pure, intacte
dans tous ses membres. Jamais cependant on n'a
élevé la voix pour en blâmer l'institution, à
moins que la contagion n'ait gagné tous les
membres, et pourquoi ?.... Parce que tout le
monde sait que les abus viennent des hommes,
et que là où se trouvent réunis tant d'élémens
divers, tant d'intérêts si opposés, tant de passions
si difficiles à contenir, il faut nécessairement
qu'il s'y rencontre de ces esprits que rien ne
peut arrêter, et qui ne semblent être nés que
pour troubler et corrompre les sociétés qui
ont eu le malheur de les admettre. Si pour fixer
l'opinion sur l'art militaire, nous allions rappor-
ter les excès qui l'ont déshonoré, la lâcheté
de quelques soldats qui ont déserté les drapeaux
au moment de la bataille, la trahison de quelques
chefs indignes de la confiance du prince ; si pour

décrier les honorables fonctions du magistrat et du jurisconsulte¹, nous rappelions les lois barbares, les décisions burlesques, les écrits séditieux, la conduite infâme, les vices dégoûtans de quelques magistrats qui ont été l'opprobre de la magistrature ; si , pour faire tomber en discrédit les lettres et les sciences , nous citions ces discours incendiaires , ces pamphlets obscénes; si nous vous disions que les arts sont la source de cet égoïsme raisonné qui énerve tous les sentimens nobles et généreux ; si nous vous disions que les connaissances humaines sont la ruine des états et des sociétés ; je le demande, que penserait-on de cette manière de raisonner? On nous accuserait d'une partialité révoltante ; et on nous dirait que les fautes de quelques individus ne peuvent être imputées à tout un corps lorsque surtout chaque membre jouit de tous ses droits et de la liberté individuelle. On nous citerait les faits éclatans et dignes d'admiration d'un grand nombre de militaires. On nous parlerait de l'intégrité , de la grandeur d'ame , des vertus du plus grand nombre de magistrats ; on publierait hautement les bienfaits innombra-

bles qu'ont rendu les sciences à la société ,
les ténèbres de l'ignorance dissipées, les lumières
répandues sur toute la terre. Voilà ce qu'on nous
opposerait, et les réponses seraient victorieuses.

Ce ne sera donc que contre le clergé de
France, qu'on emploiera le premier raisonne-
ment, et qu'on fera retomber sur tout ce
corps respectable les fautes de ses membres
qu'il rejette de son sein ? Envain depuis vingt
ans le clergé se distingue par son dévouement
à la cause royale ; envain depuis vingt ans il
coopère au bonheur de la France! Que d'établis-
semens utiles ? Que de pieuses associations pour
soulager l'infortune! On citera un fait scandaleux
qu'il désapprouve et qu'il condamne...............
Les plus grandes vertus ont honoré tous les
ordres de la hiérarchie sacerdotale! On rappellera
les désordres de quelques prêtres.... D'abon-
dantes aumônes ont été versées dans le sein
des pauvres! On rappellera quelques exemples
de luxe et d'avarice.... Les plus grandes lumières
ont brillé dans le sacerdoce; les lettres, les arts,
les sciences lui doivent leur conservation! On
opposera quelques traits d'ignorance perdus dans

la nuit des temps...... Que de familles doivent aux
prêtres le bonheur, la paix, dont elles jouissent?
On nous objectera un seul fait d'un ordre contraire.... Enfin il suffit qu'un prêtre se soit égaré
pour faire oublier toutes les vertus du clergé,
tous les avantages qu'il procure à l'état, tous les
services qu'il rend à la société. C'en est assez
pour le présenter comme l'objet de la haine
et du mépris, pour le vouer à l'exécration
publique. Est-ce là ce qu'on appelle l'impartialité!
Est-ce raisonner justement? N'est-ce pas montrer, au contraire, la plus grande partialité et la
plus grande injustice?... Cependant, je le répète,
ces prêtres que l'on cherche à rendre si odieux,
que l'on dépeint si vindicatifs ; ces prêtres sont
toujours les mêmes : infatigables au milieu de
leurs pénibles travaux, ils ne s'occupent qu'à
rendre les hommes plus heureux, en les rendant
meilleurs ; leur gloire est de les tirer du vice,
et de les conduire dans les voies de la vertu.
Leur triomphe serait de mourir martyrs et victi-
mes de leur zèle et de leur charité. Certes, si c'est
là du fanatisme ; quelle dénomination faudra-t-il
donner à ceux qui les calomnient, corrompent
la jeunesse et séduisent le peuple ?

Quoi ! le clergé de france fanatique ! Que
l'on compare sa conduite avec celle de cette
foule d'écrivains à gage, dont les discours ne
respirent que la plus tyrannique intolérance,
et l'on se convaincra sans peine de quel côté se
trouve le fanatisme ; que l'on compare sa résignation, son silence, ses vertus, avec la conduite de
ces hordes de fanatiques qui n'ont jamais paru
que pour troubler et désoler le monde. Qu'on
ouvre l'histoire, et l'on verra qu'en tous les
temps les perturbateurs ont agi comme agissent
les grands défenseurs de nos libertés actuelles ;
on verra qu'ils ont présenté le même attrait
au peuple, employé les mêmes moyens pour
le déchaîner contre les états et les gouver-
nemens ; que leurs figures de rhétorique étaient
les mêmes : *liberté*, *indépendance*, *tolérance*,
droit du peuple : et avec ces grands mots ils
bouleversaient l'ordre politique et social ; avec
l'influence magique de ces grands mots, ils
anéantissaient toutes les vertus, confondaient les
rangs, les places, les dignités, faisaient égorger
tous les honnêtes gens et les vrais défenseurs
de l'indépendance et des droits du peuple.

Or , est-ce là le langage des prêtres de France ?
Est-ce là leur conduite ?

Que voulez-vous donc nous dire avec votre
fanatisme ? Comment et dans quel sens le clergé
de France est-il fanatique ? Est-ce parce qu'il
enseigne à aimer , à servir fidèlement son roi ?
Est-ce parce qu'il prêche cet amour des libertés
antiques, et toutes les vertus ? Est-ce parce qu'il
se livre sans réserve au bonheur de la société,
qu'il soutient le faible, instruit l'ignorant, soulage
le malheureux ? Ah ! si c'est là ce que vous appe-
lez *fanatisme* ; que n'êtes-vous, vous-mêmes,
fanatiques avec ces nobles caractères ! Notre
commune patrie jouirait d'une paix plus durable;
tous les intérêts se confondraient ; les Français
n'auraient qu'un seul désir: *la Charte , le Roi,
et nos libertés*. Le commerce reprendrait son
ancienne vigueur ; tout prospérerait ; au dedans
le calme le plus profond ; et au dehors , ce respect, cette antique vénération, que commandent
le courage et les vertus patriotiques. Mais qui
s'oppose donc à cette réunion des sentimens ? Qui
retarde l'accomplissement des vœux de tout hon-
nête homme et du bon Français ? Que l'on porte
ses regards sur la scène où paraissent tant d'il-

lustres personnages ; qu'on prête une oreille
attentive aux voix qui s'y font entendre : aux
désirs qui s'y manifestent ; et qu'on nous dise
ensuite de quel côté se trouve la bonne foi et le
désir sincère du bonheur et de la prospérité de
la France. Jeunesse trop long-tems abusée !
Voulez-vous savoir quelle est la tactique des
prétendus soutiens du trône et de nos libertés
actuelles ?... La voici : jamais ils ne s'en écartent,
et l'on croirait volontiers que les perturbateurs
de tous les tems se sont donnés le mot. Lorsqu'ils
n'ont point pour eux les baïonnettes, ils n'affec-
tent que la seule puissance de l'opinion : ils in-
ventent, ils calomnient ; leur bouche ne s'ouvre
que pour proclamer la liberté ; ils gardent un
silence absolu sur les faits qu'on leur allègue,
et sur les raisonnemens victorieux qu'on leur
oppose ; ils se réjouissent secrètement de ce que
leurs discours, leurs écrits sont lus plus que
ceux de leurs antagonistes ; ils se vantent d'être
les seuls vrais royalistes, et ils parlent comme
la révolution. Il n'est pas que vous n'ayez vu
en société quelqu'un de ces colporteurs de faux
bruits, ou animés par une haine personnelle,
ou payés par un parti : que fait-il ? Il débite

ici la fable du jour dont on a besoin : accuse , calomnie les amis de l'ordre ; il se rencontre un homme instruit de la vérité , qui lui prouve son imposture : le menteur balbutie, se tait , baisse les yeux , parle d'autre chose , et va dans une autre maison voir s'il mentira plus heureusement. C'est la même chose chez nos *crieurs* de profession; ils ont été mille fois pris sur le fait, sans en être plus déconcertés. Vrais tyrans de l'opinion , ils continuent de proscrire les généreuses pensées et les doctrines de la religion et de la royauté. Sont ils devenus les plus forts, leur royalisme se convertit en un despotisme affreux ; le masque tombe , et ils se montrent tels qu'ils sont : témoin la révolution des derniers tems.

Je sais, comme je l'ai dit en commençant, qu'on accuse les prêtres d'intolérance , et d'être la cause des troubles et des massacres, qui, à certaines époques, ont eu lieu en France. Prouver ici que l'intolérance en matière de religion n'a jamais été nuisible aux états, ce serait s'arrêter à prouver tout ce qu'on a si victorieusement prouvé avant nous; ce serait redire que

les abus viennent des hommes, et que le vérita-
ble esprit de religion a toujours condamné de tels
procédés. Intolérante contre les erreurs ; mais
tolérante envers les personnes ; telle est la religion que nous avons le bonheur de professer ;
l'indifférence, dans le premier cas, serait un
signe manifeste qu'elle ne vient pas d'en haut,
mais bien qu'elle est toute terrestre. La religion
chrétienne n'aurait pu résister à toutes les
tempêtes qui l'ont si violemment battue jusqu'à
nos jours ; elle porterait dans son sein le germe
de sa destruction. Pourquoi ? Parce que la vérité
ne peut être opposée à la vérité. Pourquoi
encore ?..... Parce que s'il était possible qu'elle
restât indifférente au milieu de tant d'erreurs
qui agitent les différentes sectes, surtout lorsqu'elle se dit inspirée de Dieu, il s'ensuivrait
dès-lors qu'elle serait en contradiction avec elle-
même, parce que les dogmes et la morale sont
UN comme leur source, qui est la divinité. Dans
le second cas, l'intolérance ne vient pas de
la religion, mais des passions humaines ; sa
morale est une morale de paix, de douceur
et de charité. Si dans les derniers siècles on

s'est écarté de ces principes ; il faut l'attribuer
à une politique inhumaine, qui a mis la force
à la place de la persuasion, seule arme du
christianisme. Et certes, qui peut ignorer, si ce
n'est ceux qui ont quelque intérêt de l'ignorer, que
les massacres qu'on nous oppose n'ont jamais été
commandés par la religion, et que la politique
seule les a ordonnés, sans doute, pour arrêter les
sectaires qui menaçaient de renverser le trône et
l'autel. Voilà ce que nous apprend l'histoire.
Pourquoi donc faire retentir si haut ce grand
mot de *tolérance* , lorsque l'intolérance et l'égoïsme sont le partage des ennemis de la religion
chrétienne. De tout temps ce cri a été le cri
de ralliement. A ce nom si doux et si conciliant,
on croirait que tous les partis vont se rapprocher,
toutes les haines s'éteindre...... Point du tout.....
seul, le mensonge doit jouir de ces heureux
effets ; la vérité doit être haïe, persécutée ; car il
ne peut y avoir de pacte entr'elle et le mensonge.
Ainsi l'*intolérantisme* des prêtres en matière de
religion, bien loin de nuire au bonheur, à la
prospérité d'un gouvernement, ne sert au contraire qu'à consolider ses bases, affermir les

vrais principes des lois fondamentales, resserrer
. les liens de la société, puisque tout le monde
sait que l'erreur est nuisible aux hommes, et
toujours préjudiciable à la félicité des . états.
Mais passons au deuxième et dernier chef d'accu-
sation, qu'on veut bien appeler l'ambition des
prêtres. '

Un homme a dit, et mille échos l'ont répété
après lui : que le cœur du prêtre, libre de toutes
les passions honteuses, n'en nourrissait qu'une
seule, l'*ambition*. Elle seule est le mobile de
toutes ses actions; elle seule lui apprend à dissi-
muler, à prendre toutes les formes, à se pous-
ser auprès des grands, à flatter les princes pour
gouverner en leur nom. C'est l'ambition des prêtres
qui les rend intolérans pour toutes les autres
religions, parce qu'ils veulent régner seuls par
. la puissance de leurs opinions religieuses. C'est
cette passion tyrannique, qui a soutenu
cette société trop fameuse, source de tant de
maux. C'est elle qui la fait marcher encore par
des voies souterraines en la flattant de la vaine
espérance de pouvoir s'emparer de l'oreille des
rois, et de régner de nouveau dans le monde.

Honneur, sans doute, à cet écrivain qui donne aux prêtres de si brillantes prérogatives, et qui daigne leur prêter le secours de son éloquence, la force de sa dialectique, pour prouver aux yeux de la France entière, que les prêtres ne sont pas, comme le reste des hommes, mus par les diverses passions qui dégradent l'humanité, tourmentés par ces désirs déréglés qui corrompent le cœur; mais qu'ils ne sont gouvernés que par une seule passion dont il faut se méfier, l'*ambition*. Honneur, je le répète, à cet homme qui a bien voulu défendre la cause des prêtres, et les disculper des reproches honteux, dont les ont chargés tant d'indignes écrivains. J'aurais donc rempli la tâche que je me suis imposée, en ne combattant ici que cette dernière inculpation. Et si je suis assez heureux pour repousser au loin ce reproche si mal fondé, la cause du clergé de France est triomphante, et nous pourrons dire à notre tour, mais dans tout autre sens :

Les prêtres ne sont pas ce qu'un vain peuple pense. V.

Si nous voulions chercher dans les annales de l'histoire quels sont les motifs qui font naître

et excitent l'ambition, nous découvririons sans peine que la gloire, les honneurs, les pouvoirs, et l'appât des richesses, ont toujours été les ressorts les plus puissans pour mouvoir et agiter le cœur de l'homme. Tous les novateurs en religion, comme en politique, tous ont intéressé dans leur cause la cupidité des dernières classes de la société, pour s'en faire un appui contre l'autorité légitime ; tous n'ont attesté le ciel devant la multitude, que pour lui dire: emparons-nous de la terre, envahissons les propriétés ; renversons, détruisons tout ce qui est contre nous et qui pourrait nous arrêter dans notre marche. Que d'autels renversés! Que de temples profanés! Que de flots de sang coulèrent à la voix de Luther! Calvin secoue sur la France le sinistre flambeau des nouvelles doctrines ; soudain tout est en feu; la discorde est dans les cœurs ; les haines se manifestent, et les partis se forment pour se combattre et s'entre-déchirer. Le trône même, le trône s'ébranle et chancelle. On les vit ces hérésiarques, s'adressant directement à une plèbe féroce, la conduire, le fer et la flamme à la main, au pillage et au massacre,

3

qui dans tous les temps ont été l'*égalité* et l'*indépendance* de la canaille , et de la *philosophie*
de ses moteurs. Oui, leurs cruautés, leurs brigan-
dages', leurs sacriléges font frémir, quand on en
lit les détails dans tous les historiens. Je le
dis avec le sentiment de la réflexion la plus
profonde, jamais Luther et Calvin n'auraient
bouleversé en France et en Allemagne l'ordre
moral et politique , si leur fatale ambition n'avait
été mue par l'espoir des honneurs et l'appât
des richesses. Quel était le cri des novateurs
dans nos derniers jours de trouble et de discorde ? *Guerre aux riches, aux châteaux, aux
églises* , etc. Tel était le cri sinistre qui se faisait
entendre dans cette tribune politique , où a retenti tant de fois comme un tonnerre la voix
lugubre de Marat et de ses dignes consorts.
Seul, l'esprit du christianisme a tenu et tient encore une conduite toute opposée.

Pour exciter l'ambition des Apôtres, enflammer
leur zèle, J.-C. leur avait dit : allez-vous-en à la
mort. Pensée consolante, et bien propre à ré-
veiller l'ambition , si cet ordre n'avait été donné
que par un homme. Sans doute les respectables

prélats de l'église gallicane ne diront pas aujour-
d'hui à ces jeunes prêtres qu'ils envoient prêcher
l'évangile dans leurs diocèses , ils ne leur diront
pas : allez-vous-en à la mort ... Grâces au ciel,
le règne de la proscription est passé, les mauvais
jours ne sont plus. Mais ils peuvent leur dire
avec vérité : allez chercher les opprobres : allez
au devant des ignominies. Voilà la noble récom-
pense qui vous attend dans les pénibles fonctions de votre ministère ; voilà le premier salaire
qui vous est réservé; et vous ne pouvez en espérer
d'autre. Souvenez-vous que votre ministère est
un ministère de paix , que vous n'êtes en-
voyés que pour soulager les misères de l'homme,
souffrir avec résignation toutes les épreuves
et les contradictions que vous suscitera le monde.
Quelle noble carrière pour des cœurs ambitieux!
Quelle perspective flatteuse pour des hommes
qui n'ont qu'un seul désir ; *les honneurs.* Quoi!
les prêtres de France ambitieux! Des sarcasmes
apparemment et des mépris ; car ils ne peuvent
ambitionner, chercher autre chose. Il y a vingt ans
qu'ils sont humiliés; il y a vingt ans qu'ils ne se
soutiennent , au milieu de tant d'orages, que

par leur patience et leurs vertus. Est-ce là la marche des ambitieux. Qu'on nous cite un prêtre au faîte des honneurs, si vous en exceptez ce digne prélat , dont la piété et l'esprit de conciliation lui gagnent les suffrages de tous les partis. Non , non , l'ambitieux ne va pas là où il n'y a aucune gloire, aucun honneur terrestre : que nos prêtres agissent bien autrement! Les ignominies et les honneurs sont là : et ils fuient les honneurs , et vont aux ignominies. Les mépris , les sarcasmes sont là ; et ils y vont avec cette joie, cet empressement qu'on ne trouve jamais en pareille circonstance dans le cœur d'un ambitieux.

Parlerons-nous des pouvoirs qu'ils exercent , et qu'ils peuvent ambitionner? Les faits sont publics. Tout le monde sait qu'ils ne jouissent d'aucun pouvoir ; heureux encore s'ils avaient toujours celui de faire le bien ! C'est assez qu'un prêtre demande ce qui peut contribuer au bonheur de son troupeau ; car s'ils ouvrent la bouche ce n'est que pour les intérêts de ceux qui sont confiés à leurs soins ; c'est assez , dis-je , pour crier , à l'*ambition*, et pour les accuser de vouloir

tout *envahir*. Eh! que ne fait-on pas aujourd'hui
sur l'esprit du peuple avec ce grand mot d'*En-*
vahissement, qui retentit d'un bout de France
à l'autre? Je le répète , le présent est-il donc
bien capable de leur donner de belles espérances
pour l'avenir : et leur ambition trouve-t-elle là
de quoi se *repaître?* Oui , le prêtre est le dernier
de sa paroisse. Sans crédit , sans autorité, il n'a
que celle que lui donne le pouvoir de la vertu
sur le vice. Soumis avec respect à l'autorité du
lieu, il fait tous ses efforts pour maintenir le
bon ordre. Sans doute , il se trouve des prêtres
qui dépassent les bornes de leur ministère,
et dont l'esprit remuant ne peut vivre en paix
avec l'autorité civile ; mais gloire au clergé de
France, ces prêtres sont rares et ne se montrent
que de loin en loin.

Il ne reste plus maintenant que l'appât des
richesses , mobile bien puissant pour des cœurs
possédés par l'esprit de l'intrigue et de la cabale.
Les richesses!..... Hélas ! les prêtres n'ont pas
même ce qui est nécessaire pour leur subsis-
tance. On les a mis dans la pénible impuissance
de ne pouvoir soulager par des secours effica-

ces les malheureux qu'ils vont visiter. Ils recueil-
lent leurs larmes ; ils soignent leurs blessures ;
ils les encouragent avec l'accent de la plus tendre
charité à supporter leur misère; mais ils les quittent
le cœur plein d'une douleur amère , parce qu'ils
n'ont pas de quoi les vêtir. Sans doute ils
donnent aux pauvres infortunés leurs béné-
dictions, seules richesses qui soient en leur pouvoir, mais ils ne peuvent les accompagner de
ces secours qui font tarir les larmes, et empêchent
souvent un père de famille d'attenter à ses jours,
ou de se déshonorer pour subvenir aux besoins
de ses enfans qui lui demandent du pain. Ainsi ,
les richesses du prêtre , sont les pleurs de
l'indigent, dont il est le seul témoin. Les richesses du prêtre , sont les mépris dont on le
couvre et le ridicule dont on l'accable. Les richesses du prêtre sont ses soupirs et ses humiliations:
voilà le seul trésor qu'il puisse ambitionner
aujourd'hui , et le vrai prêtre n'en désire pas
d'autre. Je me trompe ; on dit vrai, les prêtres
sont ambitieux ; mais ils le sont du bonheur
du peuple, de la gloire de la patrie. Les prêtres
sont possédés par une passion ; mais c'est la

passion de conquérir tous les Français à la vertu,
de les arracher au vice. Oui, je le publie à mon
tour, les prêtres sont ambitieux ; mais c'est de
prêcher la paix, la concorde, le respect aux
lois qui nous gouvernent; c'est de faire régner
partout cette morale, où le législateur découvre
les vrais fondemens des lois, ces rapports éternels
qui unissent Dieu, l'homme et l'univers : cette
morale, où l'homme de bien que sa vocation
destine à régner par la parole, échauffe son
génie, le dispose aux grands mouvemens de
l'éloquence, et ce qui lui est plus nécessaire
encore, où il enflamme son courage, et l'enhardit
à braver les périls attachés au ministère de l'orateur : cette morale, où le magistrat puise avec le
zèle ardent de la justice, l'amour des hommes,
la grandeur d'ame, le mépris des richesses et
de la fausse gloire, le goût des mœurs pures,
simples et antiques, qui honorent son état et
le caractérisent : cette morale, où le père de
famille trouve des leçons pour nourrir le cœur
de ses enfans, où l'épouse puise la tendresse,
et le fils l'amour filial. Telle est l'unique ambition
du clergé de l'église gallicane. Puisse-t-elle se
trouver aussi dans le cœur de tout bon Français!

Que veulent donc les vains détracteurs du
ministère sacré ? Aspirent-ils à le ruiner ou à
l'avilir ? efforts impuissans ; il est un Dieu qui
veille au bonheur de la France ; parvenue au
plus haut degré de gloire et de prospérité ,
l'immense profondeur de sa chûte , avait fait
désespérer de son rétablissement futur ; l'Eglise
gallicane , compagne de sa gloire comme de ses
malheurs , semblait avoir passé avec elle de la
vie à la mort. Mais le souffle du Dieu protecteur
a dissipé les vains complots des méchans ; la
tempête qui avait si violemment agité le vaisseau
de l'Etat , s'est appaisée à sa voix. L'Europe
entière s'ébranle , et marche sur la France ;
vingt peuples divers franchissent nos frontières :
le Français fier de sa force et de son courage ,
animé par vingt années de triomphe et de gloire
militaire , court , vole arrêter ce torrent qui
menaçait de tout envahir. Des flots de sang
vont être versés. O bonheur inattendu ! l'au-
guste héritier de soixante rois s'offre aux regards des Français. Vingt-cinq ans d'exil et
d'infortune passés sur sa tête , ont imprimé sur
son front un je ne sais quoi de grand qui

commande le respect , et fait couler des larmes
d'attendrissement. Soudain le cri de paix succède au cri de guerre. Le digne descendant de
Henri IV entre triomphant dans sa capitale au
milieu des applaudissemens de tout un peuple
qui vole à sa rencontre. Les vengeances , les
haines nationales , tout a disparu ; et l'Europe
entière semble n'avoir qu'un cœur Français.
Pourquoi donc désormais ces clameurs contre
un clergé vénérable? Ne voit-on pas que le
sort de l'Eglise de France est attaché à celui de
l'Etat ? Je le sais, l'Eglise gallicane n'est qu'une
faible portion de l'Eglise de J.-C. La foi n'est
inhérente à aucun des lieux qu'elle éclaire : Dieu
peut la transporter dans des régions lointaines,
et faire briller sa vive lumière à des yeux plus
purs. Je sais encore que l'amour patriotique
peut seul élever un état à un certain degré de
gloire ; témoins , ces triomphes de nos armées
républicaines. Mais cette gloire , ces triomphes
ne sont que d'un jour ; l'histoire et l'expérience
nous l'apprennent ; je le demande, que sont
devenus ces peuples dont la gloire et la puissance étonnaient l'univers? où sont ces magnifiques

trophées de leur grandeur ? ces villes superbes
qu'ils avaient élevées pour perpétuer d'âge en
âge et leurs triomphes et leur gloire ? où sont
ces institutions , ces lois qui semblaient émaner
du sein de la divinité ? elles ne sont plus........
Ces peuples de héros ont disparu de sur la face
de la terre : et cette décadence des républiques
les plus florissantes et les plus populeuses , a
eu sa source dans la dépravation des mœurs et
l'oubli de la religion.

Ce n'est pas le moment d'examiner ici si le
paganisme pouvait contribuer à la prospérité d'un
état. Les bornes que je me suis proposées dans
cet écrit ne me permettent pas de traiter cette
importante question. Mais tout le monde conviendra sans peine avec moi qu'une société ne peut
exister là où les mœurs , les lois , l'autorité des
chefs ne sont plus regardées que comme de
vains noms. Or , ôtez de l'esprit des peuples le
respect pour la religion et ses ministres , et
bientôt , j'en fais la promesse , vous verrez les
mœurs se corrompre , les lois perdre leur force ,
et l'autorité des chefs s'évanouir. Pourquoi ?
parce que la crainte d'un Dieu vengeur et ré-

munérateur une fois anéantie , toutes les espérances se bornant à cette misérable vie, l'homme
n'a plus rien qui le rappelle , l'attache à la vertu,
rien qui puisse dédommager son cœur du plus
léger sacrifice. Dès lors livré à ses propres passions , emporté par son orgueil il ne craindra
que les maux présens ; eh! que peut sur l'esprit
de l'homme une crainte purement passagère!......
Mais , me direz-vous , les lois contiendront le
peuple , seront un frein puissant pour ses passions , et maîtriseront son audace : les lois !......
Ignorez-vous donc que leur plus ferme appui c'est la conscience des peuples ? privées de
la sanction divine , regardées comme l'ouvrage
des hommes , les lois ne se maintiendront que
par la force. Sans doute le glaive terrible de la
justice pourra, pour quelques instans, arrêter le
crime audacieux. Le scélérat a-t-il quelque chose
à redouter ? il se tait , et obéit. Mais le moment
de se déchaîner est-il arrivé? rien ne l'arrête , et
les plus grands crimes sont un jeu pour lui.
Heureuse encore la société , si la crainte , l'ap-
pareil du supplice pouvait arrêter le bras de
l'assassin !... Le terrible exemple du contraire

vient de s'offrir à nos yeux. Un homme, que dis-je , un monstre a dit : il n'y point de Dieu. C'est assez ; un long cri de mort a retenti d'un bout de France à l'autre, et le sang de nos rois a coulé..... Me dira-t-ón que les lois n'étant que l'expression de la volonté générale de tout un peuple , dès lors chaque individu emploîra tout ce qui est en son pouvoir pour les maintenir dans leur intégrité et les rendre respectables ? Rêve philosophique : pourquoi ? parce qu'il est impossible qu'un code se forme et existe au milieu de tant de passions diverses et d'intérêts si opposés : pourquoi encore ? parce que chez un tel peuple la loi du plus fort sera nécessairement la meilleure.

Que deviendra donc alors l'autorité du prince ? où se trouvera le soutien le plus inébranlable de son trône , s'il ne se trouve pas dans la conscience de ses sujets ? de là un combat continuel entre lui et son peuple. Son pouvoir n'étant plus fondé sur la religion , il ne le trouvera que dans sa propre force et sa puissance. D'une main il tiendra le glaive pour frapper la tête du premier rebelle , et de l'autre il appesan-

tira le joug pour tenir dans une entière dépen-
dance le peuple dont il a tout à craindre et rien
à espérer. De son côté , impatient du joug , le
peuple cherchera à faire tomber le tyran qui
le captive ; la rebellion lévera de temps en
temps une tête menaçante ; elle ira , la hache
à la main , saper le trône dans ses fondemens ,
pour ensevelir sous ses ruines celui que la force
seule y maintient. Telle sera la lutte qui
s'engagera entre le prince et ses sujets , si la
religion s'efface de l'esprit des peuples. Qu'ils
sont donc coupables ces hommes qui déclament
aujourd'hui contre la religion et ses ministres !...
Quel zèle ne doivent pas déployer ceux que leur
noble vocation destine à faire respecter les lois !
Ah ! ce n'est point pour la religion que les prêtres de France gémissent tous les jours entre le
vestibule et l'autel ; ce n'est point pour eux qu'ils
craignent , mais pour nos libertés et l'autorité légitime. Que peuvent contre la religion
les vains efforts des hommes ! la barque de
Pierre peut être violemment agitée par les flots;
les vents impétueux peuvent se déchaîner contre
elle , mais elle ne sera jamais submergée : sans

doute l'impiété peut faire disparaître la religion
du sein d'un royaume ; mais l'Eglise univer-
selle a reçu des promesses d'immortalité. Non,
ce n'est point pour la religion que craignent les
ministres de l'évangile; elle a un Dieu pour ga-
rant de sa perpétuité ; et dix-huit siècles de com-
bats et de victoires nous prouvent assez qu'elle
vient du ciel....

Quoi! une religion qui traverse tant de siècles
au milieu de tant d'orages, qui porte encore
sur son front les cicatrices honorables des com-
bats qu'elle a soutenus et des victoires qu'elle
a remportées, cette religion ne serait qu'une
institution humaine!.... Les empires les plus
florissans ne sont plus : les institutions les mieux
établies, et sans éprouver la moindre opposition,
ont subi le sort réservé aux choses d'ici bas.
Que de changemens dans l'espace de dix-huit
siècles !.. Seule, la religion chrétienne reste inébranlable au milieu des débris qui s'écroulent
avec fracas autour d'elle : elle voit à ses côtés
les trônes les mieux affermis chanceler et tomber.
Elle voit la face de l'univers se renouveler, ses
ennemis se jeter à ses pieds en proclamant son

immortalité, et jamais elle n'est plus radieuse
et plus belle qu'après les orages et les tempêtes.
Eh ! cette religion ne serait l'ouvrage que de
quelques hommes !... En vain de prétendus esprits forts ont osé dire que la religion redoutait
les lumières Puérile calomnie! la religion redoute
les lumières !... Hélas !.. elle ne craint, si je
puis parler ainsi, qu'une philosophie mal éclairée;
elle ne craint que ces demi-savans qui mettent
leur gloire et leur vaine science à s'élever au-
dessus des terreurs populaires, et qui, par je
ne sais quel travers d'esprit, rougissent de penser
et d'agir comme le reste des hommes. Sans
doute, il est dangereux pour ceux qui trompent
et qui vivent des fruits de l'imposture, que
le peuple soit éclairé ; mais ils ne l'est jamais
pour la religion et ses ministres ; autrement la
vérité et la raison seraient pour l'homme des
présens funestes, tandis que le sage, d'accord
avec les prêtres, les a toujours mises au nombre
des plus grands biens. Non, le clergé de l'église
gallicane ne craint point que le peuple s'éclaire :
jamais il n'a dit qu'il faut lui ravir sa raison
pour l'empêcher de découvrir des vérités qu'il

serait dangereux de lui révéler. Non, ce n'est pas l'instruction dans le peuple que craignent les prêtres de France (les tyrans seuls la redoutent), mais bien plutôt son ignorance ; car c'est elle qui le livre à tous les vices et au premier oppresseur qui veut l'asservir. La religion chrétienne a beaucoup plus à gagner à s'entourer de toutes les lumières de la raison , qu'à s'envelopper des ténèbres dans lesquelles se cachent toujours l'erreur et le mensonge. Beaucoup de philosophie rend l'homme chrétien; plus elle est éclairée, plus elle entraîne l'esprit du sage vers ces grandes et sublimes vérités de la religion ; et comme l'a dit un poète, la raison seule conduit l'homme à la foi.

Pourra-t-on nous faire croire maintenant que les prêtres conspirent à anéantir cette raison ? Ce serait alors travailler à sa destruction, et creuser de ses propres mains le précipice qui doit engloutir la religion et ses ministres. Loin donc de s'opposer aux progrès des lumières, les prêtres ont fait briller au milieu des ténèbres de l'ignorance le flambeau de la raison , ils lui ont fait acquérir un nouvel éclat en parcourant les siècles

et les contrées les plus éloignées du nouveau monde. Ils ont instruit les hommes les plus susceptibles
d'éducation et de philosophie. Ils ont formé les
mœurs des hommes les plus grossiers. Sur les débris
de l'empire des illusions et des fantômes sacrés, ils
ont élevé le sanctuaire de la vérité pour y entre-
tenir d'âge en âge son éclatante lumière. Je le
demande, est-ce là la conduite des hommes
qui redoutent la vérité, et qui dressent les
peuples à l'esclavage, en corrompant dans les
cœurs les germes de la liberté! Reconnait-on
à ces traits des tyrans qui battent en ruine
toutes les institutions pour régner en paix sur
des peuples abrutis par l'ignorance?

Noble espoir de la génération future, jeunesse
trop long-temps abusée! Je viens de soulever
un coin du voile derrière lequel se cache le
mensonge. Votre gloire est de soutenir la vérité
que l'on calomnie et de maintenir les droits
que l'on veut vous ravir. Mais qu'il s'en faut
beaucoup que vous preniez la route qui pourrait
vous conduire à d'aussi heureux résultats! Tout
semble au contraire nous présager un prompt
retour vers la servitude, au devant de laquelle

4

déjà une foule d'hommes se précipitent, si on ne se hâte d'opposer au torrent qui nous entraîne une bonne éducation et de grands exemples d'une morale toute chrétienne. La France ne manque ni de guerriers, ni de savans : ce sont des vertus véritablement religieuses et nationales qu'elle attend, et qui ne peuvent germer qu'à la faveur de nos sages institutions. Si les mœurs, la justice et la religion ne servent pas de base au gouvernement actuel, il ne fera que passer, et ne laissera après lui que des souvenirs grands, mais terribles, semblables à ces fléaux qui de tems à autre viennent ravager le monde. Vous le voyez, on trafique de tout, l'intrigue envahit tout, l'esprit d'agiotage corrompt tout. L'amour de l'or et des places succède aux élans qui ont porté tant d'hommes vers la liberté. La religion qui semblait devoir prospérer sous l'ombre protectrice des lys, n'est plus regardée que comme une étrangère.

Prémunissez-vous donc, ô jeunesse de France ! prémunissez-vous contre les secrettes attaques de ces hommes, qui, sous prétexte de soutenir vos droits, vos libertés, sèment dans vos cœurs de désolantes doctrines contre l'autel et le trône. Ne dégé-

nérez pas de la vertu de vos pères. Souvenez-vous
que la France chrétienne et religieuse était
la France triomphante. Les tems passés doivent
vous faire ouvrir les yeux sur.les tems à venir : c'est entre vos mains qu'est déposé le bonheur de notre patrie. Ce sont vos vertus nationales qui doivent faire de la France le royaume
le plus florissant. Il en est tems encore : fermez
vos oreilles à la calomnie ; que vos jeunes cœurs
n'aient qu'un désir, la prospérité de l'état et de
la religion. Sans doute, nous ignorons tous ce
que la providence nous réserve ; mais nous
savons tous aussi, comme je l'ai déjà dit, que
Dieu protége la France. Puissent donc nos
craintes s'évanouir comme un songe! Que celui
qui préside aux destinées de notre patrie, brise
le fer dans les mains de nos ennemis. C'est là le
vœu le plus ardent de mon cœur, et ce vœu doit
être celui de tout cœur Français.